BEI GRIN MACHT SICH IHR WISSEN BEZAHLT

Das menschliche Nervensystem, die Hormone der Hypophyse und Neurofeedback

Bibliografische Information der Deutschen Nationalbibliothek:

Die Deutsche Nationalbibliothek verzeichnet diese Publikation in der Deutschen Nationalbibliografie; detaillierte bibliografische Daten sind im Internet über http://dnb.d-nb.de abrufbar.

ISBN: 9783346316790
Dieses Buch ist auch als E-Book erhältlich.

© GRIN Publishing GmbH
Nymphenburger Straße 86
80636 München

Druck und Bindung: Books on Demand GmbH, Norderstedt Germany
Gedruckt auf säurefreiem Papier aus verantwortungsvollen Quellen

Das Buch bei GRIN: https://www.grin.com/document/947556

Biologische Psychologie

Sonderprüfung - Einsendeaufgabe

Modul: Biologische Psychologie (BBIPSY)
Datum: 30. Juli 2020

Inhaltsverzeichnis

Aufgabe 1 – Das Nervensystem

Beschreiben Sie den Unterschied zwischen dem somatischen und dem vegetativen Nervensystem.

1.1 Das Nervensystem

Das Nervensystem wird auch als Organ des Erlebens und Verhaltens bezeichnet (Morschitzky 2009, S.201). Es besteht aus Nervengewebe des Menschen und dient der Erfassung, Fortleitung und Speicherung von Informationen aus der Umwelt und dem Körper. Andersherum ermöglicht das Nervensystem es den Menschen aktiv mit ihrer Umwelt durch beispielsweise bewusste Bewegungen zu interagieren. Nach Siems et. al (2009, S. 174) gehören zu den wichtigsten Aufgaben des Nervensystems:

o Die Wahrnehmung von Sinnesreizen

o Die Speicherung von Informationen

o Das Setzen von Handlungsimpulsen

o Entwicklung (neuer) Handlungsmuster

o Das Vorgeben eines Rhythmus für Leistungs- und Erholungsphasen

Das Nervensystem lässt sich grob in zwei Subsysteme unterteilen: Zum einen in das Zentralnervensystem (ZNS) und zum anderen in das periphere Nervensystem (PNS). Während das Zentralnervensystem aus dem Gehirn und dem Rückenmark besteht, gehören alle anderen Nervenfasern zum peripheren Nervensystem. Diese werden wiederum in das somatische und das vegetative bzw. autonome Nervensystem unterteilt.

1

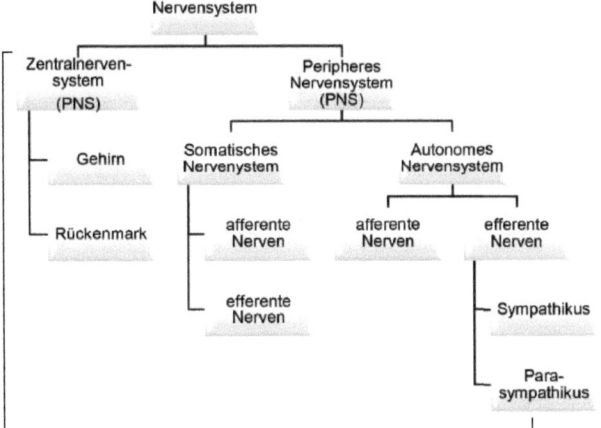

Abbildung 1: Aufteilung des menschlichen Nervensystems (Karim & Eck 2015, S. 26)

Das somatische (oder auch willkürliche) Nervensystem agiert mit der Umwelt, indem afferente Nerven sensorische Informationen aus der Haut oder den Gelenken zum Zentralnervensystem leiten. Die Bezeichnung afferent geht auf das Lateinische zurück (afferre = hinbringen). Afferente Neuronen bilden die aufsteigende Projektionsbahn. Sie führen zu Projektions- und somit zu den im Assoziationskontext befindlichen Assoziationszentren (Voss & Herrlinger 1964, S. 21 ff.). Informationen werden jedoch nicht nur durch afferente Nerven weitergeleitet, sondern ebenfalls durch efferente Nerven. Diese leiten Signale, die aus dem Zentralnervensystem kommen, in die quergesteifte Muskulatur, meistens die Skelettmuskulatur, weiter (Voss & Herrlinger 1964, S. 21 ff.). Efferente Nerven stellen so gesehen das Gegenstück zu afferenten und leiten sich begrifflich ebenfalls aus dem Lateinischen her (effere = hinausbringen) (Karim & Eck 2015, S, 26). Zusammengefasst steuert das somatische Nervensystem die Motorik der Skelettmuskulatur. Diese Steuerung der Körperaktionen verläuft willkürlich (daher auch die Bezeichnung willkürliches Nervensystem) und reflektorisch. Es ermöglicht eine Sensibilität von Oberflächen und Tiefen (Antwerpes 2016).

1.2 Das vegetative (autonome) Nervensystem

Das vegetative bzw. autonome Nervensystem (abgekürzt mit VNS oder ANS) reguliert die Organe. Dazu gehört beispielsweise die Regulation der Verdauung, der Atmung oder der Herzfrequenz. Kurz gesagt reguliert das autonome Nervensystem Prozesse im Körperinneren und passt den Organismus an äußere Belastung an, es hält somit das innere Gleichgewicht. Auch in diesem Teil des peripheren Nervensystems wird die

Funktion von afferenten und efferenten Nerven unterschieden. Afferente Nerven sind für die Weiterleitung von Signalen aus den Organen hin zum Zentralnervensystem zuständig, während efferente Nerven gegenteilig die Signale des Zentralnervensystems zu den Organen leiten (Karim & Eck 2015, S. 26).

Das autonome Nervensystem ist aus drei großen Teilsystemen aufgebaut, die jeweils Signale efferent weiterleiten. Zu diesen Teilsystemen zählen der Sympathikus (oder die sympathischen Nerven genannt), der Parasympathikus (oder die parasympathischen Nerven genannt) und das Darmnervensystem. Der Aufbau des Sympathikus und des Parasympathikus sind hierbei gleich: beide Nerven bestehen aus einer zweizelligen Neuronenkette – ein Neuron beginnt im Hirnstamm oder im Rückenmark und leitet die Signale zu einem zweiten Zellkörper weiter, der in der Peripherie liegt. Die Nerven des Darmnervensystems verbinden das Gehirn oder das Rückenmark mit den in den Wänden des Magen-Darm-Tranks liegenden Neuronen (Birbaumer & Schmidt 2018, S. 102). Der Sympathikus und der Parasympathikus werden in unterschiedlichen Situationen aktiviert, agieren jedoch ununterbrochen miteinander.

Der **Sympathikus** wird dann aktiv, wenn der Körper sich an kritische und gefährliche Situationen und umstände anpassen muss. Er wird aktiv darauf vorbereitet zu kämpfen oder zu fliehen. Dies wird als fight or flight Reaktion bezeichnet. Wie der Parasympathikus besteht der Sympathikus aus einer zweizelligen Neuronenkette. Im Körper sind die Zellkörper der sympathischen Neuronen im Brustmark bzw. im oberen Lendenmark lokalisiert, die dem Zentralnervensystem entspringen. Die Nervenzellkörper, die außerhalb des Rückenmarks liegen, bilden einen Grenzstrang, der aus einer Ganglienkette besteht. Die Axone der Neuronen liegen in der glatten Muskulatur, den inneren Organen oder den Blutgefäßen und werden als Effektoren bezeichnet (Ehlert 2016, S. 22). Im Körper wird am Zielorgan der Nervenimpuls durch den Botenstoff Noradrenalin aus der Nebennierenrinde übertragen (Golenhofen 2019, S. 146). Dieses wird beispielsweise unter Stress oder in gefährlichen Situationen gebildet und ermöglicht adaptive Veränderungen in den angesprochenen Organen. Kommt es zu chronischem Stress, kann diese Reaktion zu maladaptiven Nebenwirkungen, Herz-Kreislauf-Störungen und Funktionsstörungen anderer Organe führen (Golenhofen 2019, S. 146). Der Körper wird somit immer in dem Zustand der höchsten Leistungserbringung gehalten, um schnellstmöglich auf mögliche Gefahren reagieren zu können. Diese Reaktion stellt die Reaktion der Hypothalamus-Hypophysen-Nebennierenrinden-Achse (HHNA) da und ist eine von zwei Stressachsen des Körpers. Die zweite bildet die Sympathikus-Nebennierenrindenmark-Achse (SNA), die deutlich schneller als die HHNA reagiert. Durch die sympathische Aktivierung kommt es zu einer Aussetzung von Adrenalin und Noradrenalin in den Nebennierenrindenmark. Dadurch wird die Herzschlagrate erhöht, die Blutgerinnung wird beschleunigt und es wird Glucose freigesetzt. Wird dieser Zustand über längere Zeit aufrechterhalten oder kommt es zu einer ständigen Aktivierung, können gesundheitliche Probleme resultieren, wie beispielsweise Herz-Kreislauf-Erkrankungen (Petermann et al. 2011, S. 92).

Zur Messung der Aktivität sympathischer und parasympathischer Nerven werden in der biologischen Psychologie verschiedene Methoden unterschieden. An dieser Stelle soll nur darauf verwiesen werden, dass die elektrodermale Aktivität (EDA), eine Form der Hautleitfähigkeitsmessung als Indikator für die Aktivität sympathischer Nerven angesehen werden kann. Dies ist dadurch zu begründen, dass die Schweißdrüsenaktivität ausschließlich vom Sympathikus beeinflusst wird (Karim & Eck 2015, S. 27).

Der **Parasympathikus** ist der Gegenspieler des Sympathikus und wird aktiv, wenn wir uns in einem entspannten Zustand befinden. Zudem baut er Energiereserven auf und sorgt dafür, dass sich der Körper ausruht und sich erholt (Karim & Eck 2015, S.26). Durch seine Aktivierung wird Erholung, Regeneration und Entlastung möglich (Golenhofen 2019, S.146 ff.). Er wird vor allem durch den Hirnnerv N. vagus vereinnahmt und beginnt beim Hirnstamm und wandert durch den gesamten Körper. Er koordiniert das Zusammenspiel vieler innerer Organe, wie beispielsweise der Lunge, dem Herzen, dem Magen und dem Darm. So stimuliert er die Verdauung, erweitert die Blutgefäße der Haut und verlangsamt den Herzschlag (Ehlert 2016, S.23).

Zusammenfassend lassen sich folgende Wirkungen von Sympathikus und Parasympathikus aufzeigen (Tabelle 1).

Tabelle 1: Wirkung von Sympathikus und Parasympathikus auf verschiedene Organsysteme des menschlichen Körpers (nach Ehlert 2016, S.22)

Organ	Sympathikus	Parasympathikus
Auge	Pupillendilatation	Pupillenkonstriktion
Lunge	entspannt die Atemwege	verengt die Atemwege

Herz	beschleunigt den Herzschlag	verlangsamt den Herzschlag
Leber	Glykogenolyse Glukoneogenese	-
Mangen-Darm	hemmt die Verdauung	stimuliert die Verdauung
Blase	entspannt die Blase	zieht die Blase zusammen
Genitalien	Hemmung der Durchblutung, Ejakulation	Peniserektion und Klitoriserweiterung

1.3 Das somatische Nervensystem

Das somatische Nervensystem steuert die Bewegung der Muskeln. Diese Bewegung ist willkürlich, können also durch unseren Willen beeinflusst werden, weshalb das somatische Nervensystem auch als willkürliches Nervensystem bezeichnet wird. Die dafür benötigten Nervenbahnen verlaufen über das Rückenmark und stehen in Verbindung mit der Großhirnrinde, die die Bewegung des Körpers kontrolliert (Moberg 2015, S. 38). Aber nicht nur die Bewegung der Muskeln wird hier gesteuert – das somatische Nervensystem steht zudem in engem Kontakt zur Umwelt und den Reizen aus dem Körperinneren. Diese Informationen stammen aus den Sinnesorganen (Willig 2020). Dort befinden sich jeweils afferente und efferente Nerven. Die afferenten Nerven leiten sensorische Informationen von Rezeptoren der Haut, des Ohrs oder der Augen zum Zentralnervensystem hin, während efferente Nerven Informationen aus dem Zentralnervensystem zu den Rezeptoren übermitteln (Karim & Eck 2015, S. 26).

1.4 Der Unterschied zwischen den Nervensystemen

Zwar ist das somatische Nervensystem für die bewusste Kontaktaufnahme mit der Umwelt durch Sinnesorgane und Willkürbewegungen zuständig, während das autonome Nervensystem unbewusst ablaufende Körperfunktionen wie beispielsweise den Herzschlag oder die Atmung steuert (Ehlert 2016, S.22), jedoch kann diese strikte Trennung der beiden Nervensysteme nicht vollends aufrechterhalten werden. Denn das somatische und das autonome Nervensystem spielen oftmals zusammen. So ist die quergestreifte Muskulatur zum Zweck der Leistungssteigerung auf Unterstützung des autonomen Nervensystems angewiesen. Dies geschieht dadurch, dass die quergestreifte Muskulatur zum Teil bewusst gesteuert werden kann. Diese bewusste Steuerung unterliegt dem autonomen Nervensystem und geschieht durch sogenannte ergotrope Reaktionen, die durch den Sympathikus gewährleistet werden (Rein & Schneider 1964, S. 405).

Des Weiteren werden einzelne Elemente des somatischen Nervensystems, wie beispielsweise reflexartig ablaufende Bewegungen, unwillkürlich vom Gehirn gesteuert (Abbas 2020).

Aber auch die Gliederung beider Nervensysteme ist gleich, denn beide unterscheiden zwischen einer afferenten und einer efferenten Richtung der Weiterleitung von Signalen (Rein & Schneider 1964, S. 405). Dahingegen kontrolliert das autonome Nervensystem die Drüsen und die Muskeln der Körperorgane, wohingegen das Somatische die Skelettmuskulatur kontrolliert.

Aufgabe 2 – Hormone der Hypophyse
Erläutern Sie die Funktion von vier verschiedenen Hormonen, die von der Hypo-physe ausgeschüttet werden.

2.1 Hormon Ausschüttung an der Hypophyse

Neben dem Zentralnervensystem zählt das Hormonsystem zu einem der wichtigsten Kontroll- und Steuerungszentren. Als Hormon werden Moleküle bezeichnet, welche in einem Organ gebildet und anschließend in den Kreislauf gelangen. Sie sind biochemische Botenstoffe und körpereigene Wirkstoffe. Die Hypophyse, auch Hirnanhangdrüse genannt, ist eine am Hirn hängende Hormone produzierende Drüse und liegt unter dem Hypothalamus. Dieser sendet verschiedene Botenstoffe, durch die die Hypophyse wiederum weitere Botenstoffe ausschüttet. Sie ist die Hauptdrüse des neuroendokrinen Systems und reguliert die Hormonausschüttung vieler anderer Drüsen, wie beispielsweise der Schilddrüse oder der Nebenniere. Somit ist sie eines der zentralen Steuerungsorgane für viele hormonelle Funktionen des menschlichen Körpers (Moberg 2015, S.41). Anatomisch wird die Hypophyse in den Vorder- und Hinterlappen unterteilt. Der Hypophysenvorderlappen (HVL), auch Adenohypophyse genannt, produziert Hormone, die beispielsweise die Milchproduktion steuern, Schilddrüsenhormone oder Stresshormone. Der Hypophysenhinterlappen (HHL), auch Neurohypophyse genannt, schüttet hingegen andere, ebenfalls notwendige

Hormone aus, wie beispielsweise Oxytocin und Vasopressin, auf die im weiteren Verlauf noch näher eingegangen wird (Birbaumer & Schmidt 2018, S. 127).

Neben dem Nervensystem und dem Immunsystem ist das Hormonsystem ein elementares Kommunikations- und Regulationssystem des Körpers, das mit psychischen Prozessen, wie beispielsweise der Stimmung, der Aktiviertheit oder der Aufmerksamkeit in Wechselwirkung steht (Schandry 2011, S. 178). Daher wundert es nicht, dass auch psychische Probleme aus einem hormonellen Ungleichgewicht folgen können. Hormone werden im Körper durch den Blutkreislauf transportiert. Die Wahrscheinlichkeit der Hormonwirkung ist abhängig von der Konzentration im Blut, der Kontaktfläche der Zielzelle zum Blut (hier wird zwischen Nerven, Muskel- oder Drüsenzelle unterscheiden, die jeweils unterschiedlich große Kontaktfläche aufweisen). Durch das sogenannte Schlüssel-Schloss-Prinzip kann ein Hormon an unterschiedlichen Zielzellen unterschiedliche Wirkungen haben (Schandry 2011, S. 178). Hormone werden hinsichtlich ihres Entstehungsortes in glanduläre und aglanduläre Hormone unterschieden. Glanduläre Hormone werden in Hormondrüsen hergestellt und direkt in Blut gegeben, während aglanduläre Hormone im Gewebe spezieller Zellen hergestellt werden (Gewebshormone). Die Übertragung von Hormonen verläuft auf drei unterschiedlichen Wegen: autokrin, parakrin oder endokrin (Schandry 2011, S. 181). Insgesamt werden hypothalamische Hormone durch ein spezielles Gefäßsystem transportiert, das aus zwei Kapillarnetzen besteht. Das erste Kapillarnetz nimmt die Hormone aus den axonalen Terminalen der Düsen-Nervenzellen auf. Das zweite Kapillarnetz transportiert die Hormone zu den Zielzellen (Birbaumer & Schmidt 2018, S. 126).

Die Ausschüttung der Hormone an der Hypophyse wird neuronal vom Hypothalamus, einem Teil des Diencephalons (Zwischenhirns), gesteuert. Die Hormone, die an der Hypophyse ausgeschüttet werden, sind Oxytocin, Vasopressin, Somatotropin (STH) und das Adrenocorticotrope Hormon (ATCH) (Karim & Eck 2015, S. 48).

2.2 Oxytocin

Oxytocin ist ein Neuropeptid und bestehen aus kurzen Ketten von Aminosäuren. Hauptsächlich wird Oxytocin im N. paraventicularis und dem N supraopticus des Hypothalamus synthetisiert. Es wird nicht direkt im Hypothalamus freigesetzt, sondern über axonalen Transport (Birnbaumer & Schmidt 2018, S. 128). Da es sich bei Oxytocin um ein hydrophiles Hormon handelt, kann es nicht direkt die Lipidschicht der Zellmembran passieren und in die Zelle eindringen. Stattdessen bindet das Hormon an einen Rezeptor auf der Zellmembran und löst eine sogenannte Second-Messenger-Kaskade mittels des innen an den Rezeptor gebundenen G-Proteins aus (Schandry 2011, S. 179).

Im Körper stimuliert Oxytocin die Kontraktion des Uterus während der Wehen und reguliert das Einschießen der Milch in die Brust während der Stillzeit. Während der Schwangerschaft reagiert der Uterus durch die Wirkung des Oxytocins empfindlich. Es kommt zu einer Reizung der Mechanosensoren des Uterus und der Vagina. Dies hat die nervale Ausschüttung von Oxytozin zur Folge, welche schlussendlich zur Kontraktion des Uterus führt (Wehen) (Birbaumer & Schmidt 2018, S. 128).

Durch das Saugen des Säuglings werden die Mechanorezeptoren der Brustwarzen (Mamillen) gereizt. Diese Reizung löst auf nervalem Weg hin zu den Oxytocin produzierenden Neuronen des Hypothalamus, die als Resultat Oxytocin ausschütten. Aufgrund der Freisetzung kommt es zur abrupten Kontraktion der Drüsenalveolen der Muskulatur und damit zur Milchejektion (Birbaumer & Schmidt 2018, S. 128).

Oxytocin wird jedoch auch bei angenehmem Hautkontakt, durch Massieren oder durch Wärme ausgelöst. Neurochemisch wird dieses Hormon mit psychischen Zuständen der Liebe, der Verliebtheit, Vertrauen oder Ruhe verbunden. Daher wird Oxytocin auch als das „Kuschelhormon" bezeichnet (Karim & Eck 2015, S. 48).

Oxytocin spielt somit eine große Rolle bei sozialen Bindungen und beim Bindungsverhalten. Soziale Bindungen entstehen durch Lernvorgänge und werden durch diese aufrechterhalten. Jedoch wird die Wahrscheinlichkeit und die Art von Bindungsreaktionen von unterschiedlichen Hormonen determiniert. Dementsprechend führen auch bestimmte Bindungsverhaltensweisen zu charakteristischen Mustern von hormonellen Reaktionen. Insgesamt sind die Entwicklung und Aufrechterhaltung sozialer Bindungen abhängig vom Vorhandensein von Oxytocin im Zentralnervensystem. Zusammen mit endogenen Opioiden werden soziale Kontakte als belohnend erlebt (Birbaumer & Schmidt 2018, S. 146).

2.3 Vasopressin

Vasopressin oder auch antidiuretisches Hormon (ADH) gehört wie Oxytocin zu den Peptidhormonen und wird im N. paraventricularis und N. supraopticus, im Hypophysenhinterlappen liegend, gebildet. Im menschlichen Körper ist es für die Resorption von Wasser durch die Nieren verantwortlich. Daher wird es vor allem nachts ausgeschieden und ermöglicht Erwachsenen, ohne das Bett einzunässen durchzuschlafen, weil es für die Rückgewinnung von Wasser aus dem Harn sorgt. Dies ist jedoch nicht die einzige Stelle, an der Vasopressin in den menschlichen Wasserhaushalt eingreift. Weiterhin spielt es eine Rolle bei der Entstehung von Durstgefühlen und bei der Steuerung des Wasserhaushalts (Karim & Eck 2015, S. 48).

Vasopressin moduliert zudem neuronale Strukturen, die an der Regulation von Stimmung, sexuellem Verhalten und Angst beteiligt sind. Aber auch mit Stresserleben steht Vasopressin in Verbindung, denn er gilt als zentraler Regulator der Stressantworten. Ähnlich wie Oxytozin werden die Effekte von Vasopressin über zwei G-Protein gekoppelte Rezeptoren vermittelt. Der erste Rezeptor, V_{1A} wird in der Amygdala, dem Septum und dem Hypothalamus entleert. Der zweite Rezeptor, V_{1B}, wird hingegen im Hypophysenvorderlappen, der Amygdala, dem Hypothalamus und dem Hippocampus exprimiert. Der V_2-Rezeptor hat nun auf die Nieren eine antidiuretische Wirkung: Es kommt zu einer Verminderung der Wasserausscheidung und zu einer Produktion eines strak konzentrierten Harns (Tracik et. al. 2005, S. 520).

Zusammen mit Oxytozin fördert Vasopressin das Sexualverhalten und soziale Bindung. Dies wurde experimentell durch Oxytocin- und Vasopressin-Knock-Out-Mäuse gezeigt. Diesen Mäusen fehlte das Gen zur Synthese dieser beiden Neuropeptide. Als Resultat zeigte sich eine soziale Amnesie: Sie können ihre Partner nicht mehr erkennen. Im Vergleich zu monogam lebenden Tieren zeigten sie im limbischen System und in den hypothalamischen Hirnregionen eine deutlich erhöhte Anzahl von Oxytozin-Rezeptoren. Diese Tiere wiesen zudem eine geringere innerartliche Aggression auf (Birbaumer & Schmidt 2018, S. 147).

In erhöhten Konzentrationen wirkt Vasopressin vasokonstriktorisch (gefäßverengend). Das betrifft vor allem Kapazitätsgefäße, zu denen beispielsweise Venen gehören. Durch die erhöhte Konzentration des Adiuretins wird der zentrale Venendruck erhöht, wodurch die Aufrechterhaltung der Herzminutenvolumens gewährleistet wird. Dies beleibt bestehen, auch wenn das Blutvolumen herabgesetzt wird (Lang 2010, S. 445).

Ein Mangel an Vasopressin kann die Ausscheidung einer großen Menge Harn zur Folge haben. Hieraus kann eine lebensbedrohliche Dehydration resultieren (Lang 2010, S. 445).

2.4 Somatotropin

Somatotropin (STH) oder auch Growth Hormon (GH) genannt, gehört zu den Wachstumshormonen und wird vornehmlich im Tiefschlaf ausgeschüttet. In der Pubertät wird am meisten Somatotropin ausgeschüttet (Karim & Eck 2015, S. 48). Es dient der Regulation des Wachstums von Skelett und Organen sowie der Schaffung metabolischer Voraussetzungen. Im Laufe des Lebens wird mit zunehmendem Alter weniger Somatotropin ausgeschüttet.

Kommt es zur Schädigung der Hypophyse, kann es zu einem Mangel des Hormons Somatotropin kommen und kann bei Kindern zum Kleinwuchs führen. Ein Überschuss hat Riesenwuchs zur Folge. Zu einem solchen Überschuss kann es kommen, wenn ein Tumor in Somatotropin-produzierenden Zellen auftritt. Ist das Längenwachstum bereits abgeschlossen, führt ein Überschuss an Somatotropin zu einem gesteigerten appositionellem Knochenwachstum (Akromegalie). Das äußert sich durch ein vergrößertes Kinn und eine vergrößerte Nase sowie breitere Kiefer- und Backenknochen, aber auch die Eingeweide, wie beispielsweise Herz, Leber, Niere und Schilddrüse sind vergrößert (Lang 2010, S. 444). Bei Erwachsenen sind Mangelerscheinungen hingegen oftmals unerkannt. Hier kommt es zu einem Überwiegen des Proteinabbaus aufgrund der Abnahme der Somatotropinkonzentration und zu einer damit einhergehenden eingeschränkten Immunabwehr (Lang 2010, S. 444). Daneben sind die Masse von Körperfett erhöht und die Muskelmasse sowie die Knochenmineraldichte reduziert (Lang 2010; Lunger 2007).

2.5 Adrenocorticotropes Hormon

Adrenocorticotropes Hormon (ATCH) wird bei chronischem Stress ausgeschüttet und bewirkt die Ausschüttung des Nebennierenrindenhormons Cortisol, das Energiereserven bereitstellt. (Karim & Eck 2015, S. 48). Diese Bereitstellung geschieht durch die Förderung der Umwandlung von Eiweiß in Glucose und Glykogen. Dadurch wird den Zielzellen vermehrt Energie bereitgestellt (Birbaumer & Schmidt 2018, S. 132).

Das Hormon ACTH wird bei Stressreaktionen ausgeschüttet. Um Stressreaktionen zu beschreiben, existieren zwei Stressachsen: die erste ist die Hypothalamus-Hypophysen-Nebennierenrinden-Achse (HHNA)., die zweite die Sympathikus-Nebennierenmark-Achse. Beide unterscheiden sich hinsichtlich ihrer Schnelligkeit und der freigesetzten Hormone. Das Hormon ATCH wird bei der Reaktion der HHNA freigesetzt. Diese Stressachse bildet die Stressachse des endokrinen Systems und passt den Organismus äußere Bedingungen an. Initiiert wird der Prozess durch die Freisetzung von Corticotropin-Releasing-Hormon (CRH) am Hypothalamus in den Blutkreislauf. Erreicht dieses die Hypophyse, wird dort Adrenocorticotropes-Hormon (ACTH) ausgeschüttet. Gelang ATCH in den Blutkreislauf, bewirkt es die Freisetzung von Cortisol an der Nebennierenrinde (Petermann et al. 2011, S.92).

Aufgabe 3 - Neurofeedback
Erläutern Sie Prinzip und Anwendungsmöglichkeiten von Neurofeedback.

3.1 Neurofeedback

Unter dem Begriff „Neurofeedback" wir das Feedback von Gehirnaktivitäten gemessen. Diese Aktivität wird mittels des EEGs, des Elektronenenzephalogramms, gemessen und stellt einen Spezialfall des Biofeedbacks dar (Haus et al. 2016, S. 6). Dazu wird eine Haube mit Elektroden auf der Schädeloberfläche / Kopfhaut angebracht, welche das elektrische Potential der darunterliegenden Zellen misst. Im EEG werden schwache elektrische Signale gemessen, die von den Pyramidenzellen, eine Art der Nervenzellen im Kortex, kommen. Ohne ihre pyramidale Struktur und ihre Morphologie könnten an der Oberfläche des Schädels keine elektrischen Signale gemessen werden. Der Kortex lässt sich in sechs verschiedene Schichten verschiedener Zellen unterteilen. Für das EEG-Signal sind die elektrische Aktivität der apikalen Dendriten (Schichten I-II) und die senkrechte Anordnung der kortikalen Module entscheidend. Die apikalen Dendriten empfangen den exzitatorischen Input, der vor allem von unspezifischen thalamischen Kernen und langen Afferenzfasern gesendet wird. Der Stromfluss entsteht nun durch eine Depolarisierung im entsprechenden Membranbereich der jeweiligen Zellen, durch Anhäufung positiver Ladung innerhalb der Zelle, während sich der Rest der Zelle weiterhin im Ruhezustand befindet. Somit ist der innere Teil der Zelle negativer geladen als der äußere Teil (Haus et. al 2016, S. 17). Da die Ionen nicht durch eine Membran abgetrennt sind, kommt es zu einem Stromfluss entlang der Zellen. Dies ist der Stromfluss, der senkrecht zur Oberfläche des Gehirns im EEG gemessen und durch eine Auslenkung in der Kurve sichtbar wird. Um eine ausreichende Signalstärke zu erreichen, müssen ungefähr 1.000 Neuronen synchron dieselbe Veränderung aufweisen (Haus et al. 2016, S. 17).

Mittels der Fast-Fourier-Transformation können mathematisch verschiedene Frequenzbänder zerlegt werden, welche angeben, wir oft pro Sekunde eine Erregung der Neuronen stattfindet. Dies wird ausgedrückt durch einen Ausschlag im EEG. Insgesamt können vier Hauptfrequenzbänder unterschieden werden, diese sind in Tabelle 2 fettgedruckt dargestellt. Welche dieser dargestellten Frequenzen wann vorliegt ist abhängig von der jeweiligen Bewusstseinslage (Haus et al. 2016, S. 18).

Tabelle 2: Frequenzen des EEGs (nach Haus et al. 2016, S. 18).

Name	Frequenzband	Erregungszustand
High-Beta	20-30 Hz	Anspannung
Low-Beta	15-20 Hz	Wach, fokussiert, konzentriert
SMR	12-15 Hz	Motorisch ruhig fokussiert, aufmerksam
Alpha	8-13 Hz	Unaufmerksam, entspannt, wach
Theta	4-7 Hz	schläfrig
Delta	1-3 Hz	Tiefschlaf
Infra-low	0,01-0,0001 Hz	Erregbarkeit

In einem entspannten Wachzustand herrschen Alpha-Wellen mit einer Frequenz zwischen 8 und 13 Hz. Wird die Aufmerksamkeit erhöht, wie beispielsweise beim konzentrierten Lesen oder Kopfrechnen, nimmt die Frequenz der Beta-Wellen zu und liegen zwischen 14 und 30 Hz. Beta-Wellen werden zudem in High- und Low-Beta unterteilt. Während des Schlafes herrschen zwei verschiedene Arten von Frequenzen. Die ersten bilden die Theta-Wellen mit einer Frequenz zwischen 4 und 8 Hz, die anderen bilden die Delta-Wellen mit einer Frequenz zwischen 0,5 und 3,5 Hz (Gosepath et. al 2001, S. 29; Haus et. al. 2016, S. 18).

3.2 Anwendung von Neurofeedback

Eine Interessante Fragestellung, die vor allem die praktische Anwendung betrifft, ist, ob Hirnstrukturen durch das Neurofeedback beeinflusst werden können. Es steht fest, dass durch das Feedback der eigenen EEG-Aktivität, soweit man sie beispielweise über einen Bildschirm zu sehen bekommt, die Wahrnehmung internen Zustände verbessert werden kann. Dies kann wiederrum Selbstregulation fördern und somit die Gehirnfunktion verbessern. Das Neurofeedback bietet also eine Möglichkeit bestimmte Bereiche des Gehirns trainieren zu können (Haus et al. 2016, S. 20).

Aufgrund dieser Erkenntnis bildet Neurofeedback einen Ansatz zur Behandlung vieler neurologischer Erkrankungen, wie Epilepsie oder ADHS. Ziel des Trainings ist das Erlernen von Bewusstseinszuständen, die bei verschiedenen Gehirnaktivitäten auftreten. Neurofeedback wurde erfolgreich zur Behandlung von therapiefrakträrer Epilepsie eingesetzt. Seit den 1970er Jahren wird Neurofeedback zusätzlich zur Behandlung von Hirnverletzungen eingesetzt (Gosepath et. al 2001, S. 29). Weitere, nicht klinische Einsatzgebiete des Neurofeedbacks befinden sich im kognitiven, sportlichen oder künstlerischen Leistungsbereich (Maercker & Machmutow 2018, S. 574).

Im Weiteren soll näher auf die Behandlung von ADHS im Kindesalter mittels Neurofeedback eingegangen werden. ADHS (Aufmerksamkeitsdefizits-Hyperaktivitätssyndrom) im Kindesalter zählt zu den hyperkinetischen Störungen und zeichnet sich durch Unaufmerksamkeit, Hyperaktivität und Impulsivität aus (Petermann et al. 2011, S. 44). Kinder, die an ADHS erkrankt sind, weisen eine niedrige Aktivität von Beta-Wellen auf, welche sich in dem Verlust von Aufmerksamkeit ausdrückt. Des Weiteren weisen sie eine hohe Aktivität an Theta-Wellen auf, die in Verbindung mit Müdigkeit gebracht werden. Durch die Einnahme von Amphetaminen, wie beispielsweise Ritalin, wird die Aktivität der Beta-Wellen erhöht. Das Neurofeedback wird nun als Training zur Erhöhung der Beta-Aktivität und zur Verringerung der Theta-Aktivität eingesetzt (Karim & Eck 2015, S. 65). Eine Wirkweise von Neurofeedback bei Kindern mit ADHS stützt sich auf das operante Konditionieren. Dabei lernt das Kind, seine unnormalen EEG-Frequenzen in eine für das Alter normale Frequenz zu verändern. Anderseits kann Neurofeedback als Hilfsmittel zur Verbesserung spezifischer kognitiver oder aufmerksamer Zustände in bestimmten Situationen angesehen werden (Gevensleben et al. 2016, S. 22 ff.). Insgesamt führt

Neurofeedback zu einer Verbesserung der Körperwahrnehmung. Das betrifft vor allem Situationen in Ruhe und alltägliche Situationen. Hier kommen Selbstkontrollüberzeugungen zum Tragen, die durch das direkte Feedback am Bildschirm gesteigert werden (Schmid 2016, S. 351).

Diverse Studien belegen die Wirksamkeit von Neurofeedback zur Behandlung von ADHS bei Kindern. Dieser Effekt besteht auch nach sechs Monaten nach Abschluss der Neurofeedback-Behandlung. Gevensleben et al. (2016) berichten von einer Reduktion der Symptomatik durch Neurofeedback bei Kindern mit ADHS um durchschnittlich 25-30 %. Die Wirkung hielt bis zu einem halben Jahr an. Das computergestützte Aufmerksamkeitstraining erzielte eine Reduktion der Symptomatik um 15%. In der Studie wurden 102 Kinder im Alter von acht bis zwölf Jahren untersucht. Im Zuge der Studie wurden sie randomisiert in zwei Testgruppen unterteilt: Die einen erhielten eine Neurofeedback-Training, die anderen ein computergestütztes Training. Somit bietet Neurofeedback eine gute Ergänzung zum bereits erfolgreichen Ansatz der medikamentösen Behandlung von ADHS.

3.3 Ablauf des Neurofeedbacks

Beim Neurofeedback sitzt der Patient vor einem Bildschirm. Auf seinem Kopf befindet sich eine Haube mit diversen Elektroden, die Kontakt mit der Kopfhaut haben. Die auf dem Bildschirm dargestellten Raketen soll der Patient nun allein durch seine Gehirnaktivität steuern. Dabei wird er ständig und direkt über seine aktuelle Gehirnaktivität informiert und lernt somit, bestimmte Gehirnaktivitäten bewusst zu regulieren (Enriquez-Geppert 2019, S. 186). Von Enriquez-Geppert (2019) wurden fünf Elemente einer sogenannten Neurofeedback-Rückmeldeschleife zusammengefasst:

1. **Datenmessung:** Für die Messung von Daten werden bildgebende Verfahren benötigt, beispielsweise das EEG, die Magnetenzephalographie (MEG) oder die Magnetresonanztomographie (MRT)

2. **Echtzeitdatenanalyse:** Die Daten werden in Echtzeit analysiert. Dazu gehört auch das Herausfiltern von Messartefakten

3. **Merkmalsextraktion:** Ein bestimmtes zu trainierendes Merkmal wird herausgestellt. Beim EEG wäre es ein bestimmtes Frequenzband.

4. **Feedbackeinstellung:** Das Merkmal wird in ein Feedbacksignal übertragen

14

5. **Patient:** Der Patient versucht eine Gehirnaktivität aktiv zu beeinflussen. Diese wird in Echtzeit gemessen, extrahiert, analysiert und dem Patienten auf einem Bildschirm zurückgemeldet.

Diese fünf Elemente bilden einen sich ständig wiederholenden Kreislauf.

Es können zwei Trainings beim Neurofeedback unterschieden werden: Das *Slow Cortival Potentials-* (SCP) Training und das Frequenzbandtraining. Beim SCP Training ist eine fliegende Rakete dargestellt. Der Patient bekommt eine Aufgabe und muss währenddessen die kortikale Gleichspannung in die positive oder negative Richtung verschieben (Peters 2018, S. 92).

Das Frequenzbandtraining basiert auf der Nutzung der quantitativen Elektroenzephalographie. Während des Trainings werden auf einem Bildschirm die unterschiedlichen Frequenzbänder dargestellt. Dies ermöglicht ein gezielteres Training als beim SCP-Training. Dem Patienten ist es möglich die Frequenzbänder bewusst durch Änderung der Gehirnaktivitäten zu beeinflussen, wobei der Beeinflussung bestimmter Frequenzbereiche verschiedene Effekte zugeschrieben werden (Peters 2018, S. 93). Einiger dieser Trainingskategorien mit Blick auf die vier Hauptfrequenzbänder sind die folgenden (Haus et al. 2016, S. 46 ff.):

o **Alpha-Training:** Dabei soll der Frequenzbereich zwischen 7 bis 10 Hz verstärkt werden. Dies dient der Reduktion von Angst, Stress oder Schmerzen und fördert Muskelentspannung und Schlaf und senkt die herz- und Atemfrequenz. Dieses Training kann bei der Behandlung von Depressionen eingesetzt werden.

o **Beta-Training:** Dabei soll der Frequenzbereich zwischen 12 bis 15 Hz verstärkt werden. Dies dient der Erhöhung der Konzentration und senkt Angst und Ärger.

o **Delta-Training:** Dabei soll der Frequenzbereich zwischen 1 bis 3 Hz verstärkt werden. Es soll den Schlaf fördern und Schmerzen reduzieren.

o **Theta-Training:** Soll zu einer emotionalen Stabilisierung führen.

Ein klassisches Frequenzbandtraining zur Behandlung von ADHS ist das SMR-Training, bei dem ein sensomotorischer Rhythmus für das Feedback verwendet wird. Diese liegt bei 12-15 Hz über dem motorischen Kortex (Fischer 2019).

Verzeichnisse

4.1 Literaturverzeichnis

Abbas, H. (2020): Sympathikus. Online verfügbar unter https://krank.de/anatomie/sympathikus/, zuletzt geprüft am 26.07.2020.

Antwerpes, F. (2016): Somatisches Nervensystem. Online verfügbar unter https://flexikon.doccheck.com/de/Somatisches_Nervensystem, zuletzt aktualisiert am 25.06.2016, zuletzt geprüft am 13.07.2020.

Bauer, M.; Berghöfer, A.; Mazda, A. (Hg.) (2005): Akute und therapieresistente Depression. Heidelberg: Springer.

Birbaumer, Niels-Peter; Schmidt, Robert F. (2018): Biologische Psychologie. 7., überarbeitete und ergänzte Auflage. Berlin: Springer (Springer-Lehrbuch). Online verfügbar unter http://www.springer.com/.

Ehlert, U. (2016): Verhaltensmedizin. Heidelberg: Springer.

Enriquez-Geppert, S. (2019): Neurofeedback aus der Perspektive der Neurowissenschaften. Von Aktuelle Entwicklungen und Trends. In: *Psychotherapeut*, S. 186–193.

Fischer, M. (2019): Welche Neurofeedback-Verfahren gibt es? Online verfügbar unter https://www.neuropsychiater.ch/blog/2019/1/16/welche-neurofeedbackverfahren-gibt-es, zuletzt aktualisiert am 16.01.2019, zuletzt geprüft am 29.07.2020.

Gevensleben, H.; Moll, G.; Rothenberger, A.; Heinrich, H. (2016): Neurofeedbackinattention-deficit/hyperactivitydisorder–differentmodels, different ways of application. In: Heinrich, H., Strehl, U., Arns, M., Rothenberger, A., Ros, T. (Hg.): Neurofeedback in ADHD. Lausanne: Frontiers Media., S. 23–32.

Golenhofen, P. (2019): Neuroresilienz aus medizinischer Sicht verstehen und messen. In: J. Heller (Hg.): Resilienz für die VUCA-Welt. Wiesbaden: Springer, S. 143–152.

Gosepath, K., Nafe, B., Ziegler, E., & Mann, W. (2001): Neurofeedback in der Therapie des Tinnitus. In: *HNO* (01), S. 29–35.

Haus, Karl-Michael; Held, Carla; Kowalski, Axel; Krombholz, Andreas; Nowak, Manfred; Schneider, Edith et al. (2016): Praxisbuch Biofeedback und Neurofeedback. 2. Aufl. 2016. Berlin, Heidelberg, s.l.: Springer Berlin Heidelberg. Online verfügbar unter http://dx.doi.org/10.1007/978-3-662-47748-9.

Heinrich, H., Strehl, U., Arns, M., Rothenberger, A., Ros, T. (Hg.) (2016): Neurofeedback in ADHD. Lausanne: Frontiers Media.

Heller, J. (Hg.) (2019): Resilienz für die VUCA-Welt. Wiesbaden: Springer.

Karim, A. A.; Eck, G. (2015): Biologische Psychologie. Studienbrief. SRH Fernhochschule -The Mobile University, Riedlingen.

Lang, F. (2010): Hormone. In: F. Lang, M. Heckmann und R. Schmidt (Hg.): Physiologie des Menschen mit Pathophysiologie. Heidelberg: Springer, S. 435–461.

Lang, F.; Heckmann, M.; Schmidt, R. (Hg.) (2010): Physiologie des Menschen mit Pathophysiologie. Heidelberg: Springer.

Lunger, A. (2007): Substitutionstherapie bei Wachstumshormonmange. In: *Journal für Fertilität und Reproduktion* 17 (1), S. 15–18.

Maercker, A.; Machmutow, K. (2018): Operantes Verfahren. In: Margraf, J & Schneider, S. (Hg.): Lehrbuch der Verhaltenstherapie, Band 1. Berlin: Springer, S. 569–578.

Margraf, J & Schneider, S. (Hg.) (2018): Lehrbuch der Verhaltenstherapie, Band 1. Berlin: Springer.

Moberg, K. (2015): Oxytocin, das Hormon der Nähe. Schweden: Springer.

Petermann, Franz; Maercker, Andreas; Lutz, Wolfgang; Stangier, Ulrich (2011): Klinische Psychologie - Grundlagen. 1. Auflage. Göttingen: Hogrefe Verlag (Bachelorstudium Psychologie). Online verfügbar unter http://elibrary.hogrefe.de/9783840921605.

Peters, B. (2018): Ergotherapie individualisiert gestalten. Berlin: Springer.

Rein, H.; Schneider, M. (1964): Physiologie des Menschen. 15. Aufl. Berlin: Springer.

Schandry, R. (2011): Biologische Psychologie. [mit Online-Materialien]. 3., vollst. überarb. Aufl. Weinheim: Beltz (Grundlagen Psychologie). Online verfügbar unter http://www.content-select.com/index.php?id=bib_view&ean=9783621278447.

Schmid, N. (2016): Neurofeedback und Biofeedback in der Praxis: Selbstkontrolle von Körper und Gehirnwellen. In: *Psychologie in Österreich* (5), S. 350–355.

Siems, W., Bremer, A., & Przyklenk, J. (2009): Allgemeine Krankheitslehre für Physiotherapeuten. Berlin: Springer.

Tracik, F., Lieb, K., Bauer, M., & Ströhle, A. (2005): Modulation von Peptidrezoptoren. In: M. Bauer, A. Berghöfer und A. Mazda (Hg.): Akute und therapieresistente Depression. Heidelberg: Springer, S. 513–524.

Voss, H.; Herrlinger, R (1964): Taschenbuch der Anatomie. Nervensystem, Sinnessystem, Hautsystem, Inkretsystem. Jena: Fischer (Band III).

Willig, H.-P. (2020) *Somatisches Nervensystem*. Von https://www.biologie-seite.de/Biologie/Somatisches_Nervensystem abgerufen 25.07.2020

4.2 Tabellenverzeichnis

4.3 Abbildungsverzeichnis

BEI GRIN MACHT SICH IHR WISSEN BEZAHLT

- Wir veröffentlichen Ihre Hausarbeit,
  Bachelor- und Masterarbeit

- Ihr eigenes eBook und Buch -
  weltweit in allen wichtigen Shops

- Verdienen Sie an jedem Verkauf

Jetzt bei www.GRIN.com hochladen und kostenlos publizieren